Un vistazo a las arañas

Las tarántulas

por Kristine Spanier

Bullfrog Books

Ideas para los padres y maestros

Bullfrog Books permite que los niños practiquen la lectura de textos informativos desde un nivel principiante. Las repeticiones, palabras conocidas y descripciones en las imágenes ayudan a los lectores principiantes.

Antes de leer
- Hablen acerca de las fotografías. ¿Qué representan para ellos?
- Consulten juntos el glosario con fotografías. Lean las palabras y hablen acerca de ellas.

Durante la lectura
- Hojeen el libro y observen las fotografías. Deje que el niño haga preguntas. Muéstrele las descripciones en las imágenes.
- Léale el libro al niño o deje que él o ella lo lea independientemente.

Después de leer
- Anime al estudiante a que piense más. Pregúntele: ¿Te sorprende que haya tarántulas de tantos colores? ¿Qué otras criaturas de color azul o rosa has encontrado en la naturaleza?

Bullfrog Books are published by Jump!
5357 Penn Avenue South
Minneapolis, MN 55419
www.jumplibrary.com

Copyright © 2019 Jump! International copyright reserved in all countries. No part of this book may be reproduced in any form without written permission from the publisher.

Library of Congress Cataloging-in-Publication Data is available at www.loc.gov or upon request from the publisher.

ISBN: 978-1-64128-058-7 (hardcover)
ISBN: 978-1-64128-059-4 (ebook)

Editor: Jenna Trnka
Book Designer: Molly Ballanger
Translator: Annette Granat

Photo Credits: Olgysha/Shutterstock, cover; pets in frames/Shutterstock, 1; Karolina Chaberek/Shutterstock, 3; Cathy Keifer/Shutterstock, 4, 12–13; Lynn M. Stone/Minden, 5, 23bl; Frank B Yuwono/Shutterstock, 6–7; Petra Wegner/Alamy, 8, 23tr; Mark Moffett/Minden, 9; xtotha/Shutterstock, 10–11, 24; blickwinkel/Alamy, 14; Nick Garbutt/Nature Picture Library, 15; Aleksey Stemmer/Shutterstock, 16–17l, 22; Thierry Montford/age fotostock, 16–17r; Ian Beames/Ardea/Biosphoto, 18–19, 23br; Kenneth M Highfill/Science Source, 20–21, 23tl.

Printed in the United States of America at Corporate Graphics in North Mankato, Minnesota.

Tabla de contenido

Grande y peluda

Una tarántula está acostada sobre su lomo.

Muda su exoesqueleto.
Era demasiado pequeño.

exoesqueleto

5

Está oscuro.

Es hora de cazar.

Comen insectos.

insecto

¿Qué más?

Ratones y ranas.

9

Las tarántulas
viven en huecos.

Los encuentran.

O cavan nuevos.

Hay 900 tipos
de tarántulas.

Están cubiertas
por pelos finos.

La mayoría son negras
y de color café.

Pero hay de otros colores.

¡Algunas son azules!

¡Esta es de color rosa!

Algunas son tan grandes como una mano adulta.

¡Otras son más que el doble de grandes!

saco de
huevo

Una hembra pone
sus huevos.

Están seguros en
un saco de huevo.

Eclosionarán en
nueve semanas.

19

Las arañitas se irán a otro sitio y crecerán.

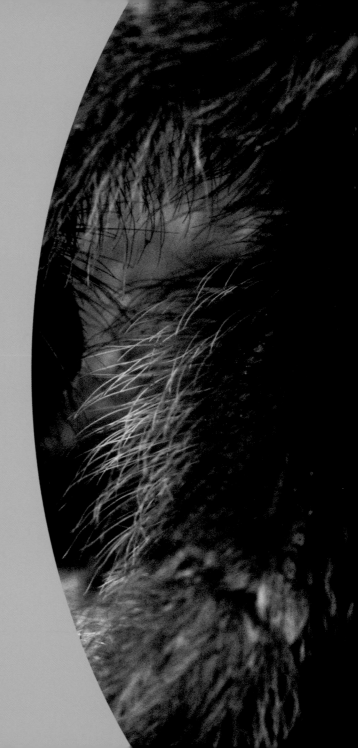

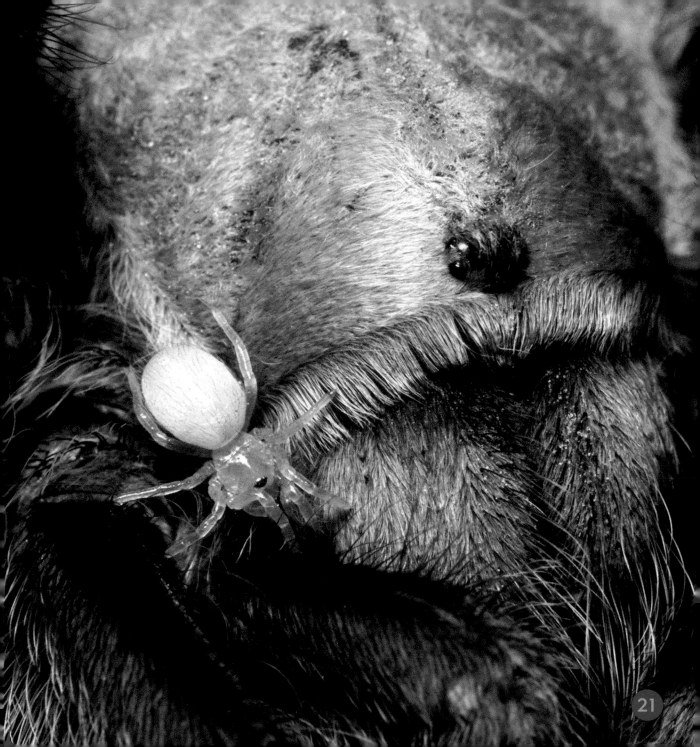

21

¿En qué parte del mundo?

Las tarántulas viven en áreas tropicales o desérticas alrededor del mundo.

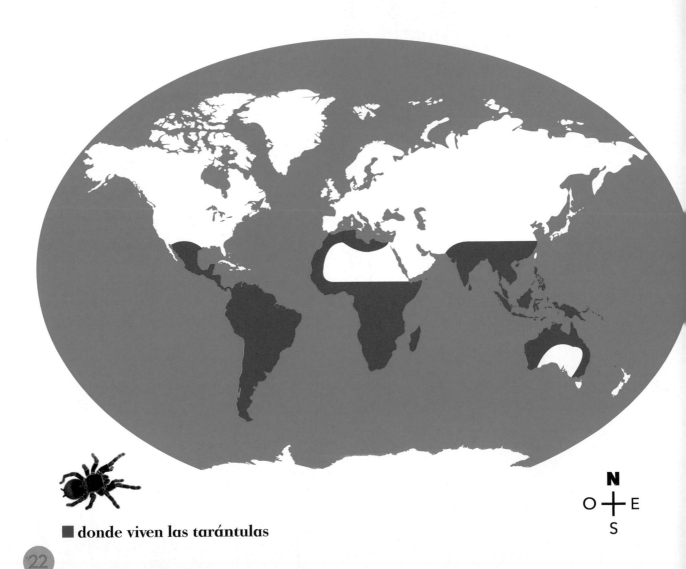

■ donde viven las tarántulas

Glosario con fotografías

eclosionar
Cuando el huevo
se rompe y nace
el animal.

insectos
Criaturas pequeñas
con alas, seis patas
y un cuerpo dividido
en tres partes
principales.

exoesqueleto
La cubierta
dura y externa
que protege
el suave cuerpo
de un animal.

saco de huevo
Un bolso
protector en
el que la araña
hembra pone
sus huevos.

Índice

Para aprender más

Aprender más es tan fácil como 1, 2, 3.

1) Visite www.factsurfer.com

2) Escriba "lastarántulas" en el espacio de búsqueda.

3) Haga clic donde dice "Surf" para obtener una lista de sitios web.

Con factsurfer.com, más información está a solo un clic de distancia.